벨렝에게
이 책에는 우리가 산책을 하다가
너를 내 등에서 내려오게 했던
재미난 것들이 실려 있단다!
_라파엘 마르탱

높은 곳에서 단풍나무들 사이로 내려다보고 계실
나의 부모님에게,
그리고 위고를 위하여.
_클레르 슈바르츠

이게 뭐예요?

자연에서 볼 수 있는 온갖 모양들

 글 **라파엘 마르탱** · 그림 **클레르 슈바르츠** · 옮김 **강현주**

잔디밭에 꽂힌 막대 사탕인가?

아니에요...
공처럼 생긴 이것은 너무 가벼워서 후하고 살짝만 불어도 날아가 버리는 '씨앗'들이랍니다.
후, 한 번 불어 보세요!

이것은 민들레 꽃씨예요.

민들레의 노란 꽃잎이 떨어지고 나면, 그 자리에 아주 작은 씨앗들이 남습니다.
민들레 씨앗은 마치 낙하산처럼 바람에 아주 잘 날아간답니다!

누가 이 작은 언덕을 만들었지?

솔잎, 나뭇가지, 자갈로 만들어진 이 작은 언덕은 유럽이나 미국의 숲에서 자주 볼 수 있습니다.
어떤 것은 높이가 열두 살 아이의 키와 비슷한 1.5미터나 되기도 한답니다.

이것은 붉은 개미들이 만든 것이에요.

붉은 개미들은 이런 모양의 개미집에서 수백 마리가 함께 살아요.
그중 하나의 방에서 여왕개미가 알을 낳습니다. 알에서 부화한 애벌레는 더위와 추위를 피할 수 있는
이 개미집에서 일개미가 가져다 준 먹이를 먹으며 자란답니다.

이 오두막의 주인은 누굴까?

북아메리카와 유럽의 강이나 호수에 가면 이렇게 생긴 건축물을 종종 볼 수 있습니다.
이것은 재능있는 건축가로 유명하며 평평한 꼬리를 가진 커다란 설치류가 만든 작품이랍니다!

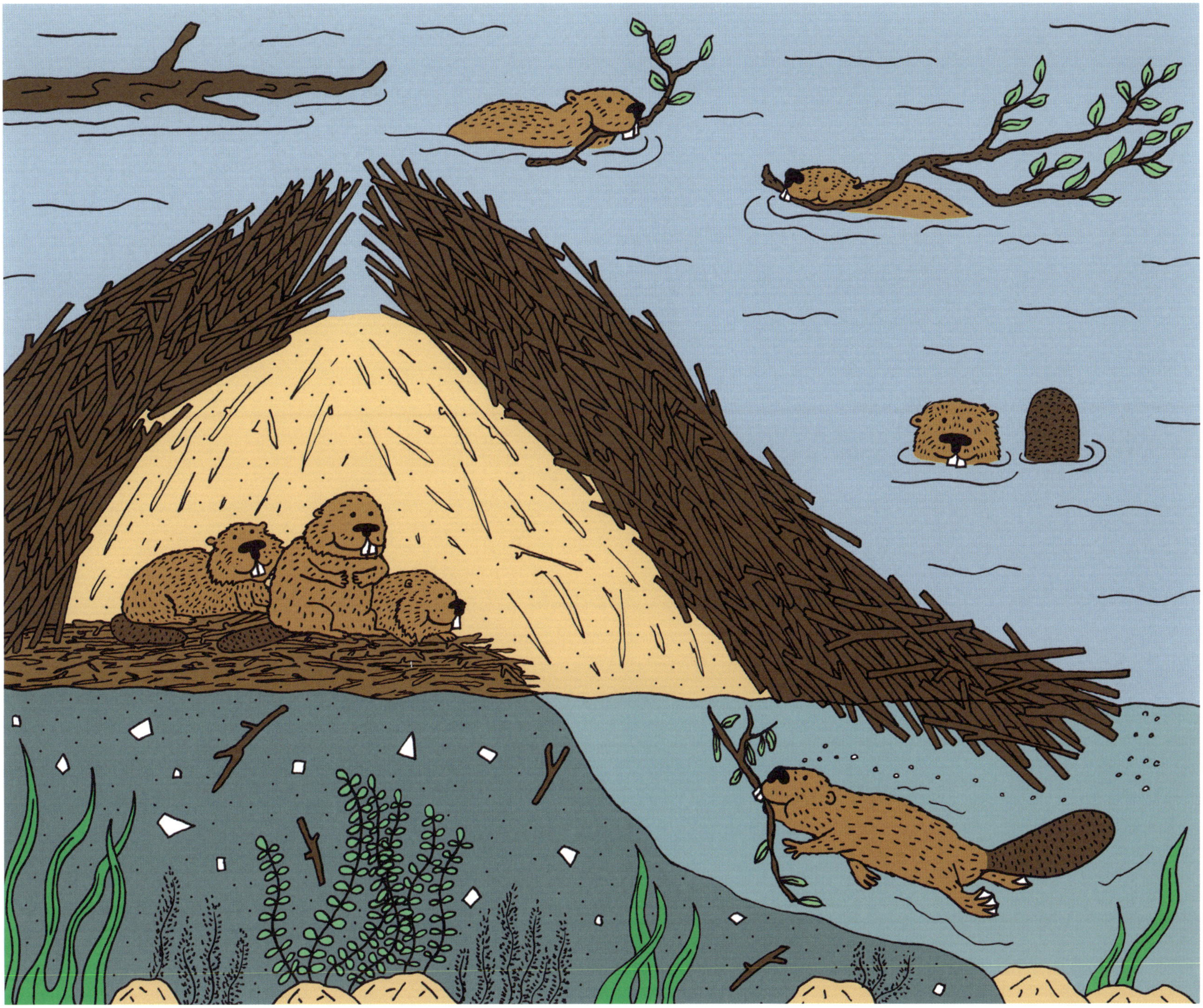

여긴 비버의 집이랍니다.

비버는 이빨로 가지를 잘라서 오두막을 짓습니다.
추운 겨울이나 위험한 상황이 되면 물속에 있는 출입구를 통해 집 안으로 들어가서
몸을 숨길 수도 있습니다. 비버들이 새끼를 낳는 곳도 바로 이 오두막이랍니다.

서핑보드 미니어처? 아니면 뼛조각인가?

이상하게 생긴 이 타원 모양의 판은 파도에 휩쓸려 해안가로 밀려오기도 합니다.
우리는 이것을 새 모이를 파는 가게에서도 볼 수 있어요.
앵무새가 좋아하는 이 하얀 물체는 무엇일까요?

이것은 오징어 뼈예요.

전 세계의 바다에서 살고 있는 오징어는 뼈가 얇고 평평합니다.
만약 해변에서 이런 오징어 뼈를 줍게 된다면, 이걸로 그림을 그려 보세요.
딱딱한 물건 위에도 아주 잘 그려질 거예요.

혹처럼 생긴 이 작은 흙더미들은 뭐지!

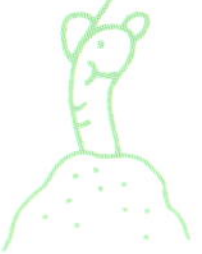

이 작은 흙더미들이 깜깜한 밤에 마치 마법처럼 저절로 생겨났을까요?
삽으로 흙을 살짝 걷어내 보면,
땅속 깊이 뚫려 있는 구멍이 좁고 긴 통로로 이어져 있는 모습을 볼 수 있답니다.

이것은 두더지 굴이에요.

이 흙더미들은 두더지가 발톱으로 땅에 굴을 파면서 생긴 것입니다.
두더지는 먹잇감인 지렁이와 애벌레를 찾기 위해서 땅을 파헤친답니다.
정원사들에겐 골칫거리죠!

작고 멋진 집들이에요!

들이나 숲, 산에 가면 이런 작은 집들이 옹기종기 모여 있는 모습을 볼 수 있습니다.
물론 도시의 몇몇 건물 지붕 위에서도 볼 수 있답니다.
날개 달린 어떤 곤충이 사는 곳인데요, 과연 누가 이 집에 살고 있을까요?

이 벌통에는 한 무리의 꿀벌들이 살고 있어요.

양봉가가 벌통에 나무틀을 만들어 두면, 꿀벌들은 밀납으로 봉방*을 만듭니다.
어떤 벌들은 그곳에서 애벌레를 돌보기도 하고, 어떤 벌들은 꿀을 저장하기도 한답니다. 냠냠!

★ 송송 구멍 뚫린 벌집의 방들이에요.

 어떤 숲 친구가 살고 있을까?

개암, 호두, 도토리를 모으면서 시간을 보내는 이 작고 날쌘 친구는 누구나 잘 아는 동물이에요.
가끔 나뭇가지 사이로 이 날쌘 친구의 털이 무성한 꼬리가 지나가는 모습을 볼 수 있답니다.

이곳은 붉은 다람쥐 둥지예요.

바구니처럼 보이는 이 둥지를 짓기 위해서,
다람쥐는 나뭇잎이 무성한 나무에서 나뭇가지들을 꺾습니다.
이거야말로 눈에 잘 띄지 않는 아늑한 둥지를 짓기에 딱 좋은 재료거든요.

아, 그 녹색 공!

이 녹색 공들은 들판이나 정원의 나무에 매달려 있답니다.
언뜻 보기에는 아주 먹음직스러워 보이죠.
하지만 이 재밌게 생긴 열매가 녹색일 때는 먹지 않는 것이 좋습니다. 맛이 아주 쓰거든요.

이것은 호두나무 열매인 호두랍니다.

가을이 되면 호두는 껍질이 마르면서 갈색으로 변합니다.
호두가 땅에 떨어지면, 껍질을 까서 신선한 알맹이를 먹을 수 있게 되었다는 뜻입니다.
호두는 또한 몇 달 동안 마른 상태로 두어도 괜찮답니다.

누가 이 멋진 장신구를 잃어 버렸을까?

이 멋진 깃털의 주인은 새장을 빠져나온 앵무새나 열대새가 아니라
유럽과 아시아의 숲에서 사는 새입니다.
곤충과 도토리를 좋아하는 이 새는 어떤 새일까요?

이것은 어치의 깃털이에요.

까마귀의 사촌인 어치는 아름다운 날개깃으로 다른 새와 구별됩니다.
하지만 거칠고 날카로운 목소리로 불러대는 노랫소리는 전혀 아름답지 않답니다.
그렇다면 어치가 잘하는 것은 무엇일까요? 그것은 바로 겨울을 대비해 식량을 모아두는 것이라네요.

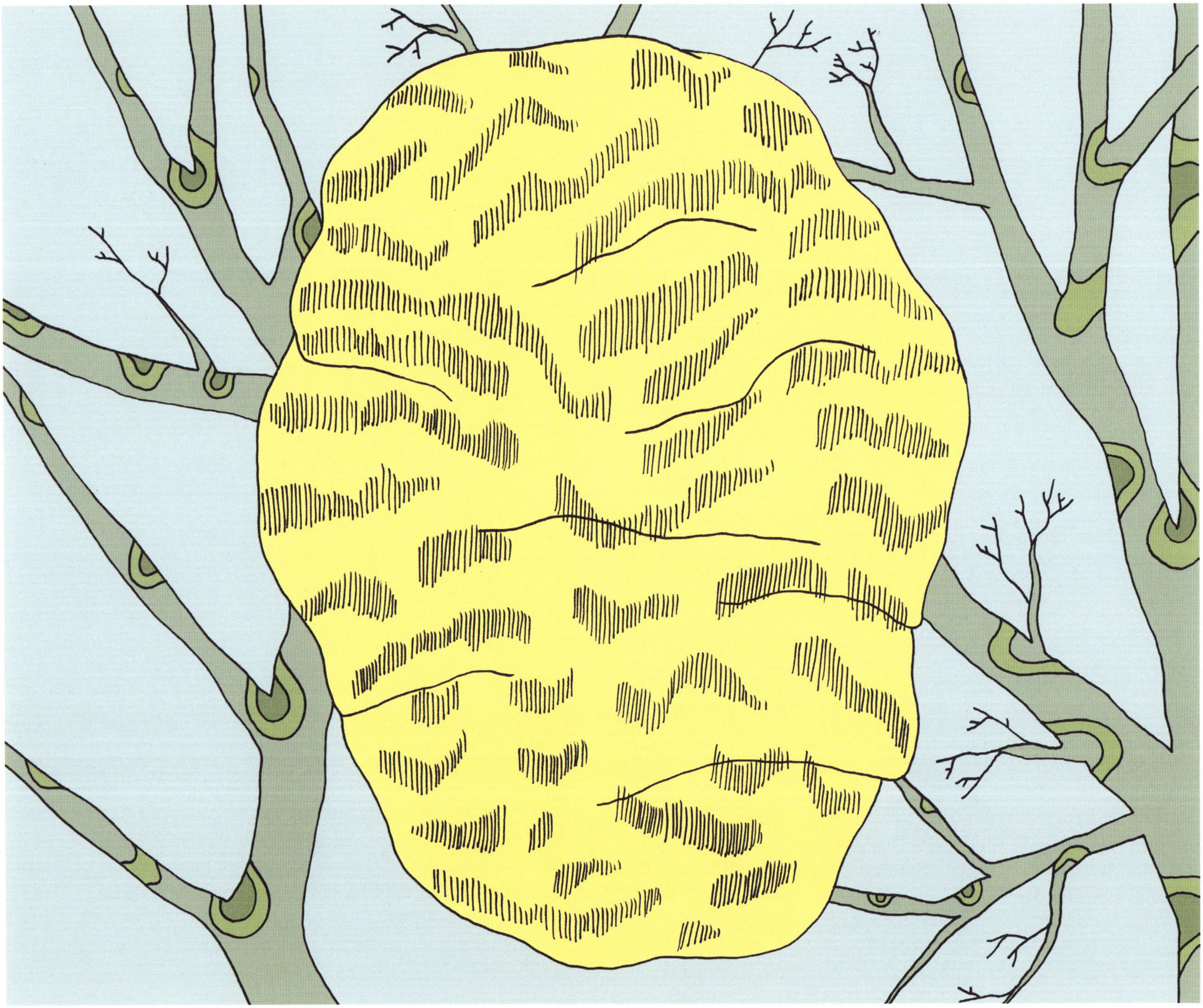

나무에 커다란 풍선이 매달려 있어요!

나뭇가지에 매달려 있던지, 집 굴뚝이나 창고에 감춰져 있던지 이런 풍선을 본다면
가까이 다가가지 않도록 조심하세요!
그 안에 살고 있는 곤충은 방해를 받으면 콕 쏘거든요.

이 둥지는 아시아 말벌의 집이에요.

아시아 말벌은 입으로 나무를 짓이겨서 만든 딱딱한 종이로 이런 둥지를 만듭니다.
10층 정도의 구조로 된 이 둥지에는 수천 마리의 아기 말벌들이
보호를 받으며 잘 자라고 있습니다. 진정한 말벌들의 유치원이라고 할 수 있죠!

이 길쭉한 옷은 누구의 것일까?

두 개의 바위 사이 또는 덤불 아래에서 종종 발견되는 이 옷은
때로 길이가 1미터를 넘기도 합니다. 이 옷을 가져와서 잘 관찰하면 옷 주인이
팔이나 다리는 없지만, 비늘이 있다는 것을 알 수 있답니다.

앗, 뱀이 허물을 벗어요!

성장하는 동안, 몇몇 파충류는 더 이상 키에 맞지 않게 된 피부를 벗어 버리곤 합니다.
마치 너무 작아진 양말을 벗어 버리는 것처럼요.
그 아래에는 이미 새 피부가 돋아 있답니다.

이 거대한 바구니는 뭐지?

굴뚝이나 나무, 전봇대 위에 있는 이 커다란 바구니는
까만 장식 깃털이 있는 흰 새들이 만든 것입니다.
이 새들은 해마다 유럽과 아프리카를 오가는 것으로 유명합니다.

이것은 홍부리황새*의 둥지랍니다.

나뭇가지와 잔가지로 만든 이 둥지는 한 해가 지날 때마다 깃털, 배설물, 그 밖의 부스러기들로 가득 채워집니다. 갓 태어난 황새에게 아늑한 보금자리가 되어 주는 이 둥지는 때론 그 무게가 수백 킬로그램까지 나간답니다. ★ 유럽황새라고도 해요.

작은 주머니가 감쪽같이 숨어 있어요!

이 작은 주머니들은 쐐기풀이나 낡은 벽에 가느다란 고리나 비단실로 고정되어 있습니다.
주머니 안에는 완전히 변태한 곤충이 곧 날아갈 준비를 하고 있지요.
이것은 무엇일까요?

이것은 나비의 번데기예요.

이 안전한 껍질 속에서 애벌레는 몇 차례나 변태합니다.
눈이 커지고 더듬이가 길어지고 날개가 나타나죠.
애벌레는 곧 예쁜 나비가 되어서 껍질 밖으로 나올 거예요!

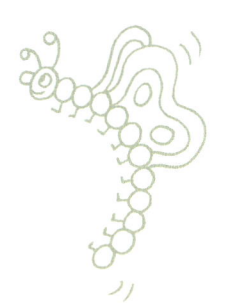

거인의 손톱인가?

썰물이 되어서 바닷물이 빠지면 갯벌에서 쉽게 찾아볼 수 있습니다.
이것은 괴물이나 마녀의 손톱이 아니라 모래 속에 평화롭게 사는 동물이랍니다.

이것은 맛조개랍니다!

이 껍질 속에 살고 있는 연체동물은 편형동물*과 비슷합니다.
바다에서 살고 있지만 지나치게 짠물은 싫어합니다. 이 동물을 갯벌 밖으로 나오게 하려면,
갯벌의 구멍에 소금을 부으면 된답니다. ★ 몸이 좌우 대칭이고 납작하게 생겼어요.

아야! 만지면 따끔한 이 공은 뭐예요?

주위가 온통 초록색으로 변하는 여름이면 몇몇 나무에 이런 공들이 매달려 있는
모습을 관찰할 수 있습니다. 초록색이던 공이 서서히 갈색으로 변하고
껍질이 갈라지면서 땅에 떨어지면, 그 안에 무엇이 들어있는지 볼 수 있답니다.

이것은 밤송이예요.

가을이 되면 밤나무는 열매를 땅에 떨어뜨려 새로운 나무를 싹 트게 할 수도 있습니다.
만약 우리가 밤송이를 바구니에 주워 가서 삶아 먹거나 구워 먹지 않는다면 말이죠.
밤은 정말 맛있답니다!

이 활기찬 아이들은 누굴까?

이들은 열흘 전에 초록색 개구리들이 낳은 알에서 막 깨어났어요.
연못의 이 작은 주민들이 뭐라고 불리는지 아세요?

바로 올챙이랍니다!

갓 부화한 올챙이는 마치 커다란 머리를 가진 작은 물고기처럼 보이기도 합니다.
하지만 곧 발이 나오면서 서서히 개구리의 모습을 갖추게 되죠. 개굴! 개굴!

작은 크리스마스 장식 공이 있어요!

 크리스마스 장식 공처럼 생긴 이것은 가을이면 길가에 피어 있는 나무에서 볼 수 있습니다.
우리는 이것을 채집할 수 있지만 찔리지 않도록 조심해야 해요.
이것은 뾰족한 가시가 있는 나무에서 자란답니다.

이것은 바로 찔레꽃 열매랍니다.

늦봄이나 초여름, 이 야생 장미는 아름답고 향기로운 꽃을 피워서 산책하는 사람들을 유혹합니다.
그들 중에 미식가들은 가을을 기다렸다가 그 열매를 따서 잼을 만들기도 한답니다.
잼은 정말 맛있어요!

이 이상한 똥 덩어리는 뭘까!

 핀셋으로 헤쳐 보면 이 똥 덩어리가 털과 작은 뼈다귀 뭉치인 것을 알 수 있답니다.
그렇다면 이 작은 뼈다귀들은 어디서 나온 걸까요?

이것은 수리부엉이가 버리고 간 뭉치랍니다.

맹금류인 수리부엉이는 생쥐나 뽀족뒤쥐와 같은 설치류를 먹고 산답니다.
식사가 끝나면 수리부엉이들은 소화할 수 없는 것을 작은 공 모양의 뭉치로 토해 낸답니다.
정말 특이한 식사법이죠!

해변에 웬 작은 부채가?

아니에요. 이것은 대서양과 지중해에 사는 해양 동물의 껍질이랍니다.
폭은 약 10센티미터이며, 껍질 안에 든 것은 정말 맛있답니다.

이것은 가리비 조개랍니다.

이 조개는 200개나 되는 눈을 가지고 있으며, 물속에서 이동할 수 있습니다.
그런데도 가리비는 어부의 그물에 갇히곤 한답니다.
그리고는 생선 가게로 가게 되죠!

작은 헬리콥터가 나타났어요!

아이들은 종종 이 열매를 공중에 던져 회전하는 모습을 지켜보면서 즐거워합니다.
하지만 이 작은 헬리콥터의 이름을 아는 사람은 거의 없어요.
이것이 무엇인지 알아볼까요?

이것은 단풍나무의 열매*예요.

가을이 되면 단풍나무는 바람에 날개 달린 씨앗을 퍼뜨립니다. 이렇게 해서 새로운 나무가 땅에서 싹트게 하죠. 하지만 이 열매를 가지고 놀 수 있으려면 잘 마를 때까지 기다려야만 합니다. 녹색인 상태에서는 날지 못하거든요! ★ 날개 달린 열매는 '시과'라고 해요.

천장에 붙어 있는 이 진흙더미는 뭐예요?

이것은 마치 헛간의 들보 밑에 버려진 것처럼 보이기도 합니다.
누가 살고 있는지 알아보려면 참을성이 있어야 하죠. 운이 좋다면, 새가 그 안으로 들어가는 모습을 볼 수 있을 거예요. 심지어 작은 부리가 삐죽 튀어나오는 모습도 때로는 볼 수 있답니다.

이것은 바로 제비 둥지랍니다.

제비는 마치 도자기를 만드는 것처럼 작은 진흙 덩어리를 서로 붙여서 둥지를 만듭니다.
긴 막대기로 이런 둥지를 천장에서 떼어 내려는 것은 아주 나쁜 생각이에요!
그 안에는 분명히 아주 연약한 어린 새들이 지내고 있을 테니까요.

어떤 색이든 간에 양쪽에 구멍이 있어요!

이 동물을 찾으려면 다이빙 마스크를 써야 해요.
물속에 사는 이 동물은 고슴도치처럼 온 몸이 가시로 덮여 있습니다.
그러니 밟지 않도록 조심하세요.

이것은 성게 껍질이에요.

가시로 뒤덮인 성게 껍질은 성게의 내장을 보호해 줍니다.
성게가 죽으면 가시가 서서히 떨어져 나가고 그 껍질이 바닥으로 가라앉게 됩니다.
가시가 없는 성게를 수집하는 사람들에겐 행복한 일이죠!

이 재밌게 생긴 물음표는 뭐예요?

캐나다 사람들은 이 나선 모양에 '바이올린 머리'라는 예술적인 이름을 붙였습니다.
그렇다면 전 세계의 많은 숲에서 발견되는 이 어린 새싹은 어떤 식물일까요?

오, 아름다운 고비군요!

고비에 '바이올린 머리'라는 이름을 붙이게 된 것은 이 식물의 잎이 매우 싱싱한 상태에서 잘 말려 있을 때의 모습 때문이에요. 바람에 몇몇 잎이 펼쳐질 때는 아름다운 붉은색에서 초록색으로 변하기도 합니다. 정말 멋진 광경이랍니다!

수염이 부슬부슬 삐져나온 이 껍데기 안에는 뭐가 있을까?

이것은 전 세계 사람들이 먹기 위해 혹은 가축을 먹이기 위해
재배하는 아주 키가 큰 식물의 줄기에서 자란답니다.

이것은 옥수수예요.

옥수수 껍질 안에는 수백 개의 옥수수알이 나란히 자라고 있습니다.
옥수수가 전부 노란색은 아닙니다. 검은색, 흰색 또는 자주색 옥수수알도 있습니다.
농부들은 옥수수 가지가 마르기 시작하면 수확을 한답니다. 옥수수알로 만든 팝콘은 정말 맛있지요!

연못에 외계인이 나타났어요!

이 무시무시해 보이는 수중 사냥꾼은 커다란 눈 때문에 더 무서워 보인답니다.
발톱도 친근한 느낌을 주지는 않네요.
이것은 공중 비행으로 유명한 아름다운 곤충의 애벌레랍니다.

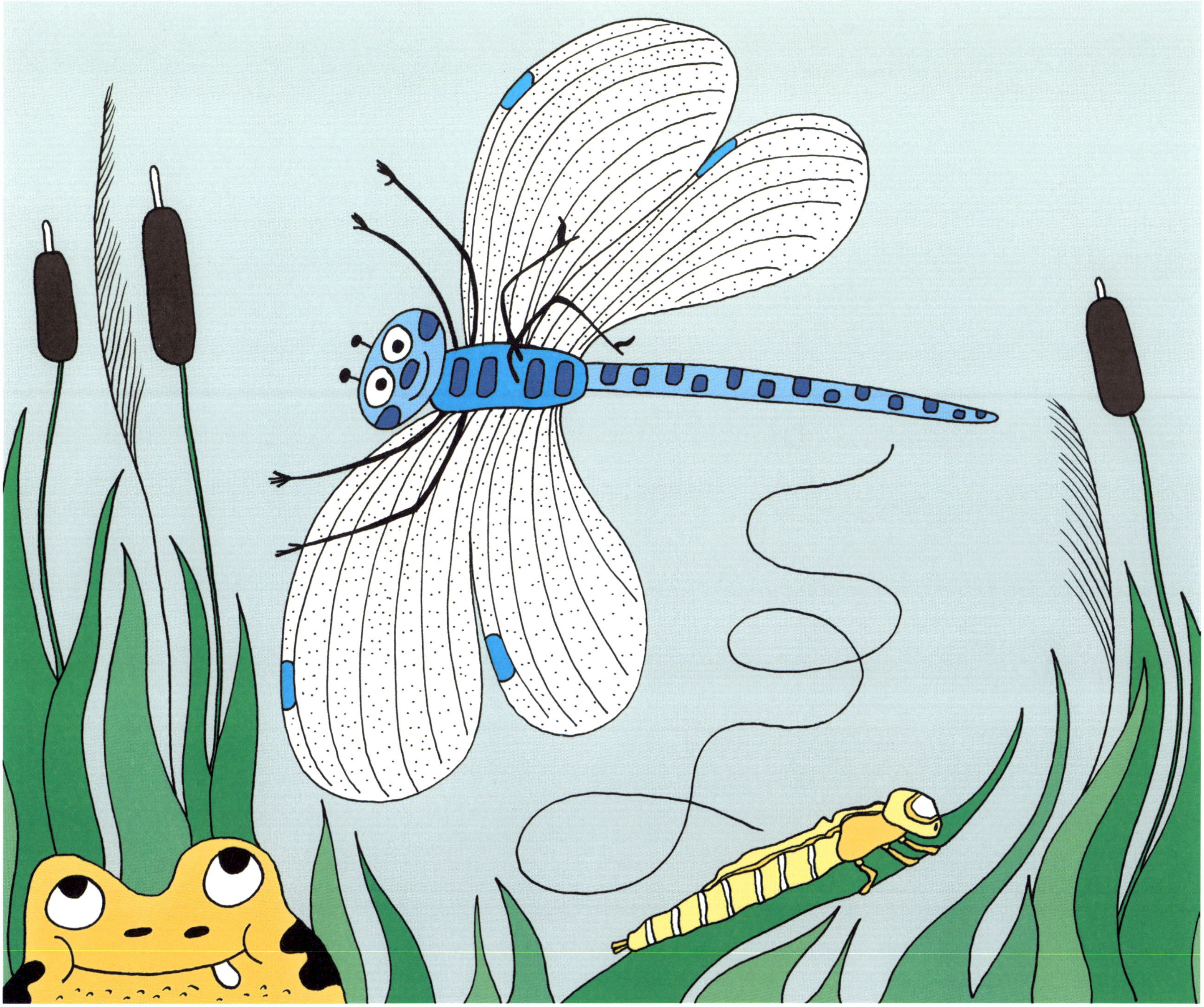

이 애벌레는 바로 잠자리랍니다.

잠자리는 1년 혹은 수년 동안 애벌레* 모습으로 지낸 다음에 물 밖으로 나와서 변태한답니다.
그리고 처음으로 날아오를 때 이 오래된 껍질을 벗어던지죠. 여러분도 물가에서 이 껍질을 본 적이 있을 거예요!

★ 잠자리 애벌레는 물속에서 지내며 꼬리 아가미로 호흡을 해요.

쉽게 볼 수 있어요!

우리는 숲이나 들판에 있는 아주 오래된 나무 아래에서 이 열매를 쉽게 주울 수 있답니다.
가을에 이 열매가 가지에서 떨어지면,
숲의 다람쥐 친구들은 물론, 멧돼지와 새끼들도 잔치를 연답니다.

도토리가 참나무에서 떨어졌네요.

참나무 열매인 도토리는 '깍정이'라는 나무로 된 예쁜 베레모를 쓰고 있어요.
이 열매가 일단 땅에 묻히게 되면 새로운 나무를 싹 틔울 수도 있습니다.
하지만 다시 도토리를 맺으려면 적어도 20년은 기다려야 한답니다.

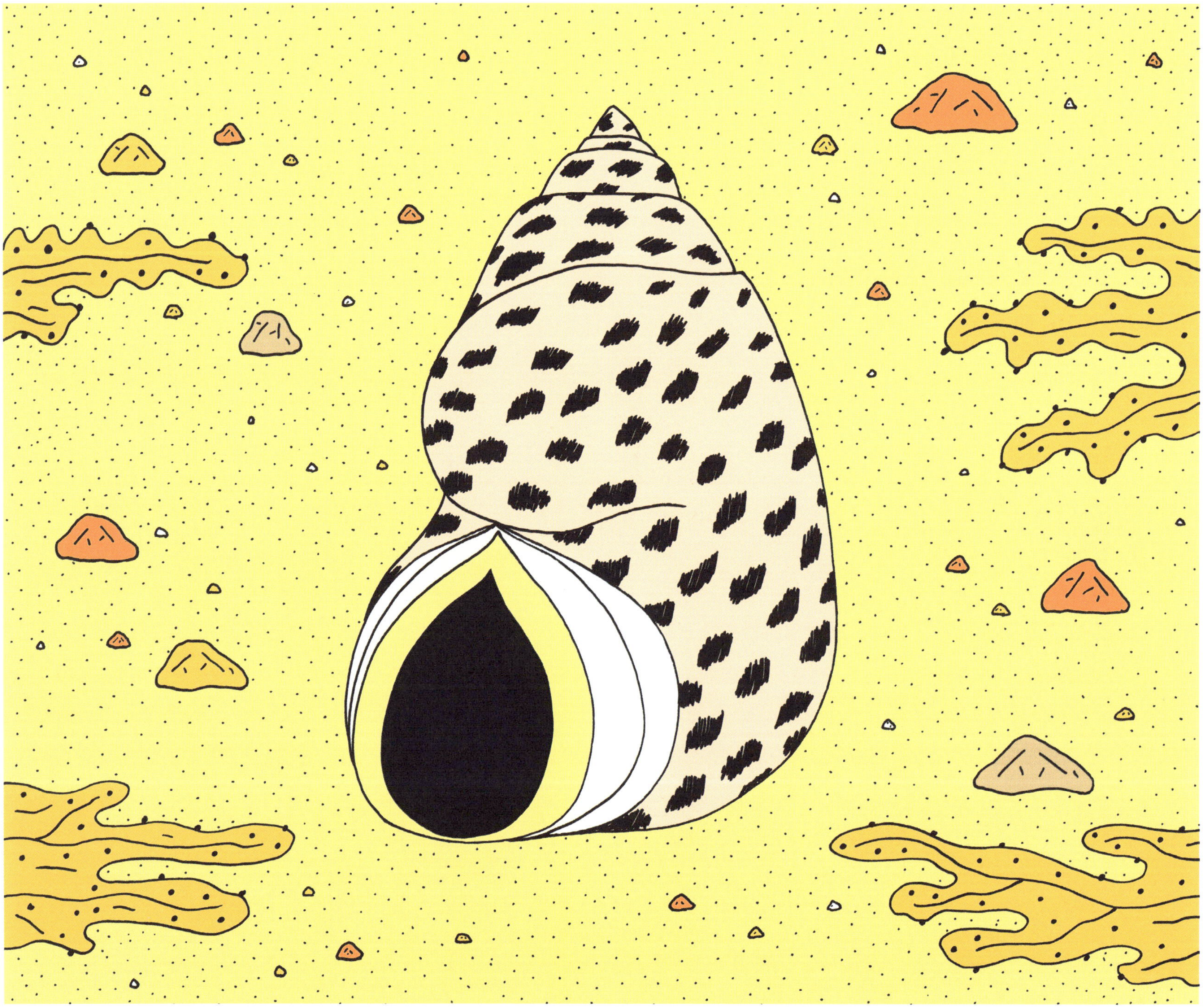

정말 이상하게 생긴 집이에요!

바위 위에 무언가가 들어 있는 이 껍질을 올려 두면, 우리는 곧 한 쌍의 집게발,
여덟 개의 다리, 두 개의 더듬이, 두 개의 눈을 볼 수 있답니다.
여기에 숨어 사는 동물은 무엇일까요?

이것은 바로 소라게랍니다.

게의 사촌인 소라게는 아주 물렁물렁한 몸을 보호하기 위해서
조개껍질처럼 딱딱한 껍질이 필요하답니다. 소라게가 성장해 몸이 커져서
더 큰 집으로 옮겨 가면 또 다른 작은 소라게가 이 빈집에 와서 살게 될 거예요.

이상하게 생긴 눈 뭉치가 있어요!

숲이나 들판에서 볼 수 있는 이 하얀 물체는 발이 없는 버섯*입니다.

이 버섯은 오래되면 솜뭉치처럼 물러지면서 연기가 피어오른답니다. 왜 그럴까요?

★ 갓과 대가 따로 없이 연결된 모양이에요.

이것은 말불버섯이에요.

하얀색 표면의 이 버섯은 익으면서 돌기가 나고 누르스름한 색으로 변합니다.
그렇게 되면 머리 끝부분에 작은 구멍이 생겨 아주 작은 홀씨들이 먼지처럼 공중으로 흩어집니다.
이때, 마치 작은 화산이 폭발하는 것 같은 놀라운 광경이 펼쳐지지요!

오, 작은 꽃다발!

이 꽃다발은 길 가장자리나 밭에서 자라는 유명한 채소를 장식하고 있답니다.
농부들은 이 채소의 뿌리를 먹기 위해 키우죠.
강판으로 갈거나 데치면 씹어 삼키기 좋은 상태가 됩니다!

이것은 당근 꽃이랍니다.

수천 년 동안 사람들이 먹어 온 이 뿌리채소는 수백 가지 품종으로 다양해졌습니다.
둥근 것, 길쭉한 것, 곧은 것, 흰 것, 주황색 또는 검은색,
이제 입맛대로 골라 먹을 수 있어요.

멀리서 보면 둥지처럼 보여요!

하지만 이건 사실 참나무나 포플러나무의 높은 가지에서 자라는 식물이랍니다.
나뭇잎이 떨어지는 가을이 되면, 커다란 초록색 공 모양의 이 식물이 매우 눈에 잘 띄게 된답니다.
이 식물은 어떻게 나무 위에서 자라게 되었을까요?

이것은 공 모양의 겨우살이랍니다.

겨울에 새들은 겨우살이의 작고 하얀 열매를 먹습니다. 그런 다음 다른 나무 위에 똥을 누죠.
이렇게 해서 이 똥 속에 들어있던 씨앗이 다른 나무의 가지 위에서 싹을 틔우게 되는 것이랍니다!
이렇게 자란 겨우살이는 뿌리가 없어요. 이 기생 식물은 양분을 얻기 위해서 나무의 수액을 빨아먹습니다.

이 재미있는 공에선 뭐가 나와요?

이 식물이 점점 커지면 껍질이 벌어지고 허물어지면서 그 안에서 작은 우산 모양이 나타납니다.
숲을 산책하던 사람들은 이 식물을 발견하면 맛있는 오믈렛을 만들기 위해 따가곤 한답니다.

이것은 시저 버섯이에요.

이 이상한 버섯은 '달걀버섯'이라고도 합니다.
빨간 모자에 흰 점 무늬가 있는 독버섯인 광대버섯과 혼동하지 않도록 조심하세요!

둥지 속에 보석이 있어요!

마치 귀한 보석 같은 색깔을 하고 있지만, 이것은 매우 흔하게 볼 수 있는 새가 낳은 알입니다.
머리부터 발끝까지 까만 이 새는 주황색 부리를 가지고 있죠.
이것은 무엇일까요?

아, 검은 티티새*의 알이로군요!

이 알은 암컷의 몸을 나오는 순간부터 이미 청록색을 띠고 있습니다.
이러한 종류의 천연 페인트는 태양 광선의 열기로부터 그 소중한 내용물을
보호해 주는 역할을 한답니다.  ★ '지빠귀'라고도 해요.

간지럼을 태우기 좋은 작은 공!

 공원, 오솔길 또는 놀이터에서 이 작은 공을 보게 된다면, 위를 한 번 올려다보세요.
나무에서 툭툭 떨어지는 이 공은 껍질이 잘 벗겨진답니다.

이것은 플라타너스의 꽃이랍니다.

이 공은 사실 서로 엉켜있는 작은 씨앗들의 덩어리랍니다.
주위를 감싸고 있는 가벼운 솜털 때문에 이 씨앗들은 바람이 불면 흩어집니다.
그러면 씨앗은 조금 더 멀리 날아가서 새로운 플라타너스 나무를 싹 틔운답니다!

우스꽝스러운 모양의 양파 같아요!

여기 정원사에게 정말 좋은 선물이 있습니다.
정원사는 겨울이 되면, 이 식물의 뾰족한 끝을 위로 향하게 해서 땅에 심을 겁니다.
그리고 나서 몇 달이 지나면, 놀랍게도 화려한 색깔의 꽃이 자라는 모습을 볼 수 있답니다.

이것은 튤립의 알뿌리랍니다.

줄기의 두꺼운 부분은 에너지를 저장하는 역할을 합니다.
이런 줄기 덕분에 겨울의 추위를 견디고 봄에 꽃을 피울 수 있는 것이죠.
땅에 심은 알뿌리는 해마다 튤립을 피울 수 있답니다.

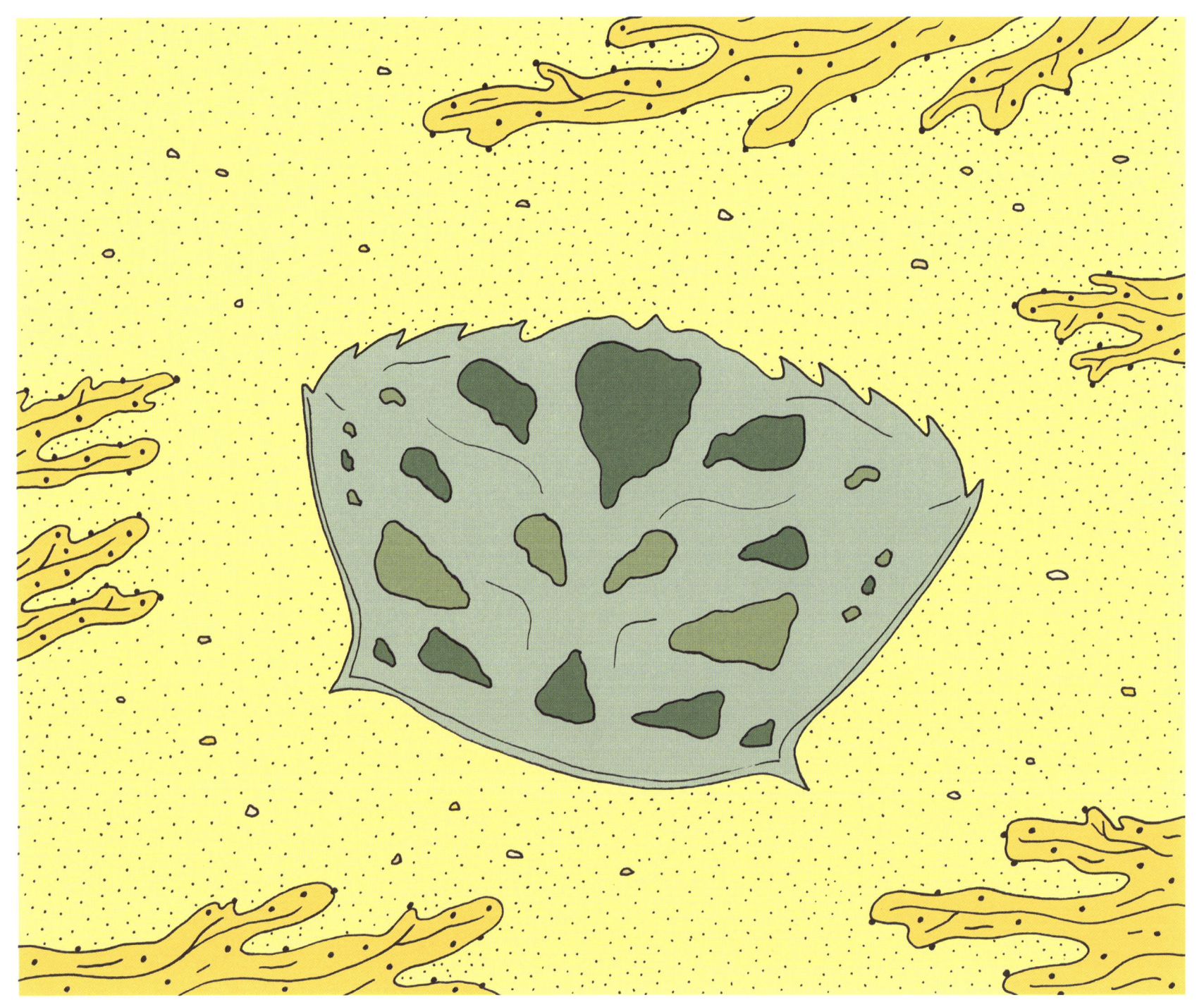

누가 이 갑옷을 잃어버렸을까요?

이 수수께끼를 풀려면, 해변의 바위틈이나 바다 밑바닥을 자주 돌아다니는 동물을 떠올려 보세요.
그 동물은 한 쌍의 튼튼한 집게발을 가지고 있으며 옆으로 걷습니다.
이 동물은 무엇일까요?

이것은 바로 죽은 게의 껍질이랍니다.

게의 몸은 물렁물렁하고 매우 연약합니다.
이 갑옷은 그에게 없어서는 안 되는 귀중한 것이죠.
게가 죽고 나면, 이 갑옷은 바닷속을 떠다니다가 종종 모래사장 위로 쓸려 나온답니다.

아주 부드러운 자갈처럼 보여요.

 역겨운 냄새가 나서 먹을 수 없는 이것은 들판이나 길가에서 자라고 있습니다.
어떤 사람들은 이것을 '마법사의 심장'이라고 하지만,
전문가들만이 진짜 이름을 알고 있답니다.

이것은 붉은바구니버섯이라고 해요.

이 버섯에서 나는 끔찍한 냄새 때문에 버섯 주위로 파리들이 모여듭니다.
파리가 버섯 위에 앉아 있는 동안, '포자'라고 불리는 씨앗들이 파리의 몸에 달라붙습니다.
그런 다음 파리는 날아다니며 이 씨앗들을 뿌리게 된답니다. 아주 편리한 방법이죠!

 **먹을 수 없는 커다란 사탕 같아요.**

썰물일 때 우리는 바위 사이에서 이 커다란 젤라틴 덩어리를 볼 수 있습니다.
이 덩어리가 물에 다시 잠기면, 자신의 진짜 모습을 드러내게 됩니다.
조심하세요. 만지면 절대 안 돼요!

이것은 바다 말미잘이에요.

물속에서 이것은 마치 꽃처럼 보입니다.
하지만 이것은 식물이 아니라 이상한 동물입니다.
바다 말미잘은 독이 든 촉수를 사용하여 자신이 좋아하는 새우와 물고기를 잡는답니다.

데굴데굴 우스꽝스러운 원통!

솔방울일까요? 그렇다면, 이 솔방울에게 무슨 일이 있었던 걸까요?
이것은 그 씨앗을 먹으려고 참을성 있게 껍질을 벗겨 낸 작은 미식가가
버리고 간 것이 분명합니다.

이것은 가문비나무의 솔방울이에요!

전나무의 사촌인 이 침엽수는 소나무의 솔방울과 비슷하게 생긴 열매를 맺습니다.
들쥐들은 비늘 모양의 껍질을 하나씩 벗겨 내어 그 안에 들어있는 맛있는 씨앗을 먹습니다.
냠냠!

고깔모자 같아요!

이 조개껍질 안에 누가 사는지 궁금하다면,
파도가 밀려올 때 바위에서 살짝 떼어 다시 물속에 잠기게 해 보세요.
그 안에 무엇이 숨어 있을까요?

이것은 삿갓조개라고 해요.

밀물이 되면, 이 달팽이 사촌들은 유유히 해초를 뜯어 먹습니다.
썰물이 되면, 빨판을 이용해 바위에 찰싹 달라붙죠.
그리고 살아남기 위해서 조개껍질에 물을 가득 채워 둔답니다. 아주 묵직해지도록 말이에요!

나무속에 또 나무가!

숲속에서 이 장식품을 찾아내려면 약간의 행운이 필요하답니다.
게다가 이것을 집으로 가져오려면 팔이 길어야 할 것 같군요.
이것을 잃어버린 동물은 덩치가 아주 크답니다. 무게가 200킬로그램이나 나갈 정도로요!

이것은 아름다운 사슴뿔이랍니다!

생후 9개월이 되면 수사슴의 머리 위로 '뿔'이라고 불리는 두 개의 뼈가 나타납니다.
해마다 겨울이나 봄이 되면 뿔이 떨어져 나가고 다시 여름이 되면
그 자리에 더 큰 뿔이 난답니다.

## 요상한 실뭉치가 있어요!

이것은 소나무 가지에 매달려 있습니다. 그리고 그 안에는 수백 마리의 곤충이 살고 있어요.
이 곤충들은 까슬거리는 털로 뒤덮여 있기 때문에 조심해야만 합니다.
소나무에 해를 끼치는 이 침입자들은 누구일까요?

이 둥지에는 소나무행렬 송충이가 살고 있어요.

이 벌레들은 길게 한 줄로 줄을 지어서 움직이기 때문에
소나무행렬 송충이라는 이름이 붙었습니다.
봄이 되면 이 벌레들은 땅속으로 들어가서 번데기, 그리고 나방으로 변태합니다.

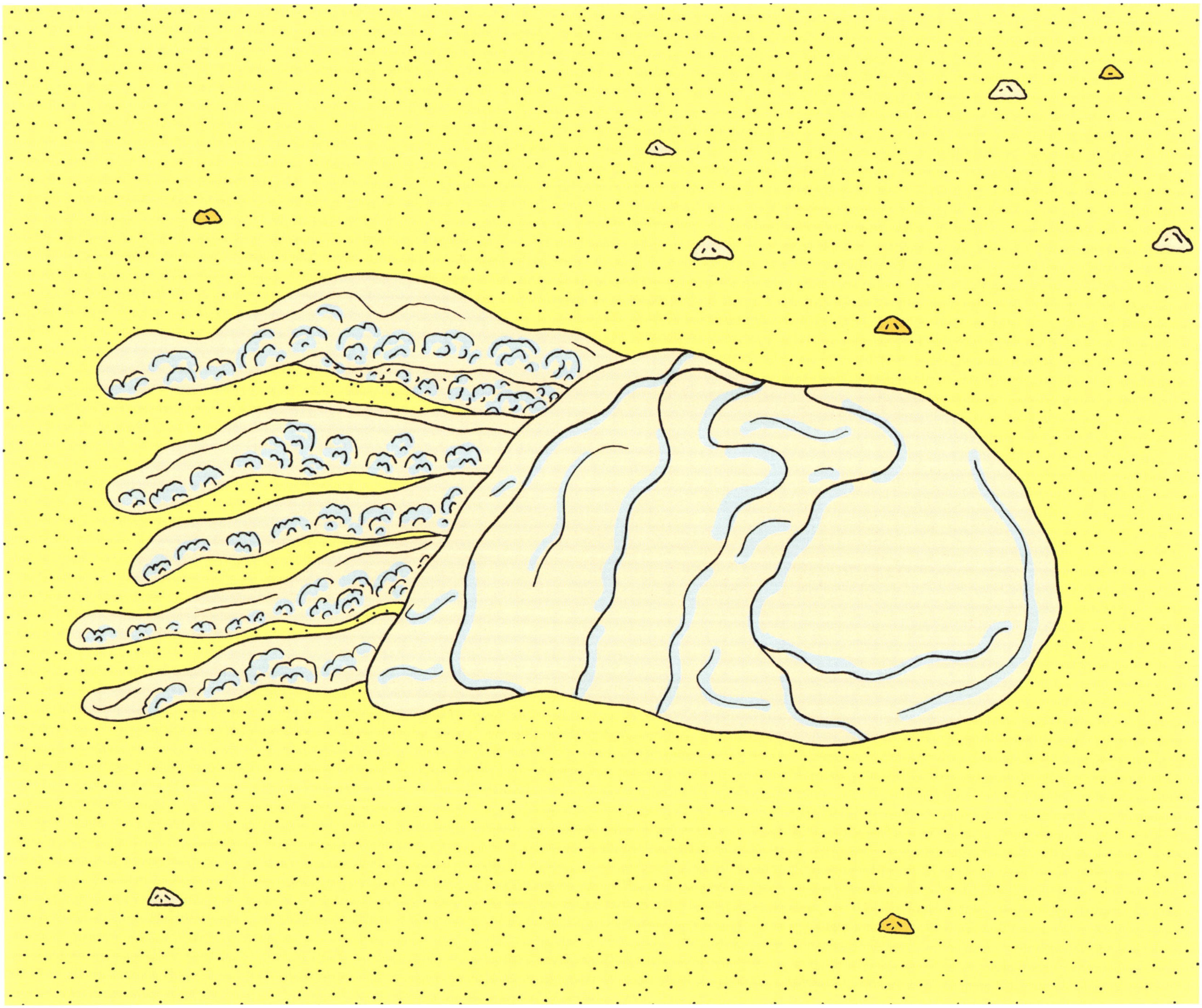

해변에 버려진 비닐봉지인가?

만약 모래사장에서 물컹거리고 반투명한 비닐봉지를 발견한다면, 만지지 마세요!
이것은 촉수로 화상을 입힐 수도 있는 해양 동물입니다.
해수욕을 방해하는 이 동물은 무엇일까요?

으악, 해파리다!

이 생물들은 바닷물에서 표류하다가 가끔 해안 가까이 나타납니다.
몇몇 해파리들은 파도에 휩쓸려서 모래사장 위로 올라오기도 합니다.
모래사장 위로 올라온 해파리는 더 이상 살 수가 없답니다.

작은 진주를 닮았네요. 이게 뭐예요?

이 알은 새의 알이 아닙니다.

이 알을 낳은 동물은 다리가 네 개이고, 나비나 거미를 잡기 위해서 햇볕을 쬐고 있곤 한답니다.

매우 민첩한 이 파충류를 아세요?

이것은 도마뱀 알이에요.

암컷 도마뱀은 일 년에 한 번 내지 세 번, 땅에 있는 구멍 속에 알을 열 개까지 낳습니다.
암컷 도마뱀은 알을 품지 않습니다.
여름이 되면, 새끼들은 혼자서 알을 깨고 나옵니다. 정말 대단하죠!

All right reserved.
No part of this book may be reproduced
in any form without written permission form the publisher.

Korea Translation Copyright ⓒ 2019 MUST B Publishing Co.
Arranged through Icarias Agency, Seoul

이 책의 한국어판 저작권은 Icarias Agency를 통해
Saltimbanque Éditions와 독점 계약한 도서출판 머스트비에 있습니다.
저작권법에 의하여 한국 내에서 보호를 받는 저작물이므로 무단전재와 복제를 금합니다.

이게 뭐예요?
자연에서 볼 수 있는 온갖 모양들

초판 1쇄 발행 2019년 12월 31일   초판 4쇄 발행 2025년 1월 31일

글 라파엘 마르탱 | 그림 클레르 슈바르츠 | 옮김 강현주 | 펴냄 박진영 | 디자인 새와나무
펴낸곳 머스트비 | 등록 2012년 9월 6일 제406-2012-000154호 | 주소 경기도 파주시 심학산로 12 303호
전화 031-902-0091 | 팩스 031-902-0920 | 이메일 mustb0091@naver.com

ISBN 979-11-6034-099-0 77400

이 도서의 국립중앙도서관 출판시도서목록(CIP)은 서지정보유통지원시스템 홈페이지(http://seoji.nl.go.kr)와 국가자료공동목록시스템
(http://www.nl.go.kr/kolisnet)에서 이용하실 수 있습니다.(CIP제어번호: CIP2019048353)

 품명: 이게 뭐예요? | 제조자명: 머스트비 | 주소: 경기도 파주시 심학산로 12 303호
연락처: 031-902-0091 | 제조년월: 2019년 12월 | 제조국: 대한민국 | 사용연령: 6세 이상
취급상 주의사항 | 종이에 베이지 않도록 주의하세요. 책의 모서리가 날카로우니 던지거나 떨어뜨려 다치지 않도록 주의하세요.
KC마크는 이 제품이 공통안전기준에 적합하였음을 의미합니다.

글 라파엘 마르탱 Raphaël Martin

오키도키 에이전시에 소속되어 청소년 다큐멘터리 작가로 활동하고 있어요. 다양한 주제에도 해박한 지식을 갖춘 라파엘은 그 중에서도 특히 자연과 관련된 주제에 큰 열정을 품고 있는 작가입니다.

그림 클레르 슈바르츠 Claire Schvartz

에스티엔 미술학교와 올리비에 드 세르 미술 학교를 졸업한 젊은 일러스트레이터랍니다. 클레르는 출판, 통신, 건축 등 많은 분야에서 그래픽 디자이너로 일하고 있기도 합니다. 〈레 푸흐미 후즈〉 출판사에서 『바다를 보고 싶어 했던 별장의 작은 자갈』을 출판했으며, 현재 파리와 아름다운 항구도시 낭트를 오가며 일하고 있어요.

옮김 강현주

한국외대 프랑스어과와 동대학원을 졸업하고, 영어나 프랑스어로 된 좋은 책을 우리말로 옮기는 일을 하고 있어요. 옮긴 책으로는 『모래 언덕의 길』 『에르브 광장의 작은 책방』 『프랑스 영재 교육법』 『아이의 그림을 이해하는 법』 〈셰익스피어는 재밌다〉 시리즈, 〈가스파르〉 시리즈 등이 있습니다.